Parte 1
„Por qué covid asusta al mundo“

Parte 2
„Covid está aquí, ¿Y ahora qué? “

La historia de un pequeño invisible

contado por fotolulu

Imprenta

Información bibliográfica de la Biblioteca Nacional Alemana:
La Deutsche Nationalbibliothek incluye esta publicación en la Bibliografía Nacional Alemana;
En el sitio web www.dnb.de se pueden consultar datos bibliográficos detallados.

Producción y publicación:
BoD - Libros a la carta, Norderstedt

1a edición
© 2020 fotolulu
Fotos, ilustraciones y texto: fotolulu - www.fotolulu.de
Traducción: fotolulu

ISBN: 9783751934404

Parte 1
„Por qué covid asusta al mundo"

La historia de un pequeño invisible

contado por fotolulu

Contenido

¿Por qué Covid asusta al mundo?

La historia de un pequeño invisible

Hace muchos años, un pequeño virus llamado Covid estaba sentado en una cueva en la provincia china de Hubei. La cueva estaba oscura, hacía mucho frío y Covid estaba solo. Una gran colonia de murciélagos vivía en el techo de la cueva. Eran murciélagos de herradura. Una especie de murciélago muy sociable. Todas las noches los murciélagos salían volando de la cueva para cazar insectos. Covid estaba solo en la cueva y anhelaba algo de calor.

Una mañana, Covid se escabulló hasta el techo de la cueva y esperó a que los murciélagos volvieran a casa. Cuando salió el sol, volvieron las Narices de herradura. El Sr. Wang y la Sra. Li aterrizaron justo al lado de Covid. Colgaron sus patas traseras en el techo de la cueva, se lamieron el pelaje y hablaron sobre sus éxitos de caza.

Era agradable y cálido estar entre los murciélagos y Covid tomó una decisión. Se arrastró por las piernas de Wang sin ser visto, se deslizó sobre la suave piel voladora y aterrizó en la boca del Sr. Wang.

El Sr. Wang no se dio cuenta de nada porque Covid es tan pequeño que solo se puede ver con un microscopio muy potente. Covid se puso cómodo en las cálidas membranas mucosas del Sr. Wang y se sintió feliz. Vivió en el cálido cuerpo del Sr. Wang durante semanas. El Sr Wang salía a cazar insectos todas las noches y durante el dia permanecia colgado en la cueva boca abajo. Todo estaba realmente bien, porque Covid ya no tenía que congelarse y estaba en compañía.

Los amigos necesitan venir

Sin embargo, Covid carecía de amigos reales con los que pudiera hacer algo. Covid exploró al Sr. Wang un poco desde adentro y descubrió una célula huésped en sus pulmones. Lo especial de esta célula era que Covid podía acoplarse a ella como un cohete a la estación espacial internacional.

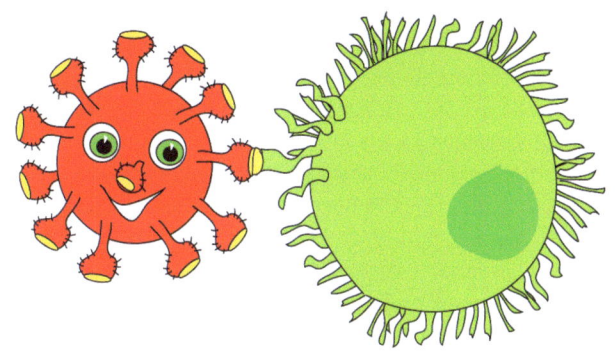

Ahora Covid pudo penetrar completamente en la célula huésped y pudo multiplicarse en el núcleo de la célula. Covid estaba sorprendido de sí mismo, no se esperaba eso.

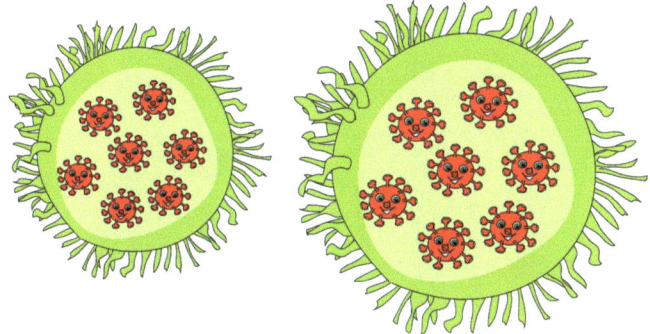

Después de un corto tiempo, había cientos de pequeños Covids y todos se veían iguales. Covid estaba emocionado y tuvo una gran fiesta en los pulmones del Sr. Wang.

Cuando la fiesta realmente estaba en marcha, el Sr. Wang repentinamente tuvo que toser. Hubo una ráfaga de viento tan fuerte que muchos de los invitados a la fiesta fueron arrancados. Fueron catapultados a través de la tráquea, hacia la garganta del Sr. Wang, y debido a que tenía la boca abierta, salieron despedidos hacia la cueva. Algunos pudieron aferrarse a los muchos murciélagos que por allí andaban merodeando. Aquellos que no lo habían hecho aterrizaron en el suelo de la cueva y se congelaron hasta morir después de un corto tiempo.

Covid tuvo suerte; se había aferrado a la garganta a tiempo. En los días que siguieron, la vida de Covid estuvo acompañada por muchos de los ataques de tos de Wang. Covid conocía los signos de un ataque de tos y siempre podía ponerse a salvo a tiempo. Los ataques de tos del Sr. Wang infectaron gradualmente a todos los murciélagos en la cueva. Ahora había una tos constante en la cueva y todos los murciélagos estaban un poco molestos.

Llegó un momento en que la tos del Sr Wang y los demás murcielagos desapareció, y Covid y todos sus familiares pudieron vivir en paz dentro de los murciélagos.

Un día, Covid escuchó al Sr. Wang decirle a la Sra. Li: „Sabes que el azor que vive al otro lado del bosque murió ayer". La Sra. Li preguntó, indignada: „¿No fue ese el que se comió a nuestro vecino el Sr. Wang?" asintió con la cabeza: „Si, era es el devorador de murciélagos". „¿Pero de qué murió?", quería saber la Sra. Li.
„Se dice que murió de neumonía causada por un virus". Covid lo consideró por un momento y se dio cuenta de que sus familiares podrían haber sido responsables de la muerte del Azor. „Es una Insolencia cuando un extraño se come tu casa", pensó Covid.

En los años siguientes, tales incidentes ocurrieron una y otra vez. Las aves de rapiña y las serpientes que se habían comido algunos murciélagos tuvieron que pagarlo con sus vidas.

Covid se preguntó por qué se morían los depredadores de los murciélagos, mientras los murciélagos se alegraban por ello. Observó el comportamiento del Sr. Wang un poco más de cerca y notó que tenía un metabolismo especial. El Sr. Wang tuvo una vida muy ocupada. A una velocidad de hasta 160 km / h, volaba durante horas todas las noches buscando insectos. Su pequeño corazón late mil veces por minuto. Para que el Sr. Wang haga esto todas las noches, tiene que ahorrar energía durante el día en otro lugar. Así que el Sr. Wang también tiene un sistema inmunológico muy lento, que en realidad debería combatir los virus. Pero esto cuesta mucha energía y por eso el Sr. Wang ha desarrollado una estrategia diferente. Las células inmunes son muy lentas y también dejan que Covid entre en la célula anfitriona. Allí, sin embargo, no destruye al intruso, lo que de nuevo costaría demasiada energía, sino que lo mantiene bajo control. Así que Covid y el Sr. Wang pueden vivir juntos maravillosamente.

Los intrusos

Una mañana, personas con enormes redes de caza entraron en la cueva. Covid, el Sr. Wang y la Sra. Li no se sintieron bien. Al final resultó que, con razón. Los hombres atraparon cientos de murcielagos de herradura del techo de la cueva y los metieron en sacos. Fue un mimento duro y el pánico se extendió. El Sr. Wang y la Sra. Li también fueron atrapados, y también Covid. Los hombres llevaron los sacos llenos de murciélagos al mercado de animales salvajes en Wuhan. Allí los mataron y pusieron a la venta. Cuando uno de los hombres mató al Sr. Wang, Covid se enojó e hizo un plan de venganza.

Durante la última expulsión de aliento del Sr. Wang, Covid no se aferró a uno de los alvéolos, sino que se quedó en la ráfaga de viento. El último aliento fue suficiente para lanzar a Covid de la boca del Sr. Wang y aterrizó en la boca del hombre.

Covid inmediatamente entró, hasta los pulmones, y se quedó en una célula huésped. Covid se multiplicó furiosamente y después de un corto tiempo millones de familiares de virus atacaron los pulmones completos del asesino de murciélagos.

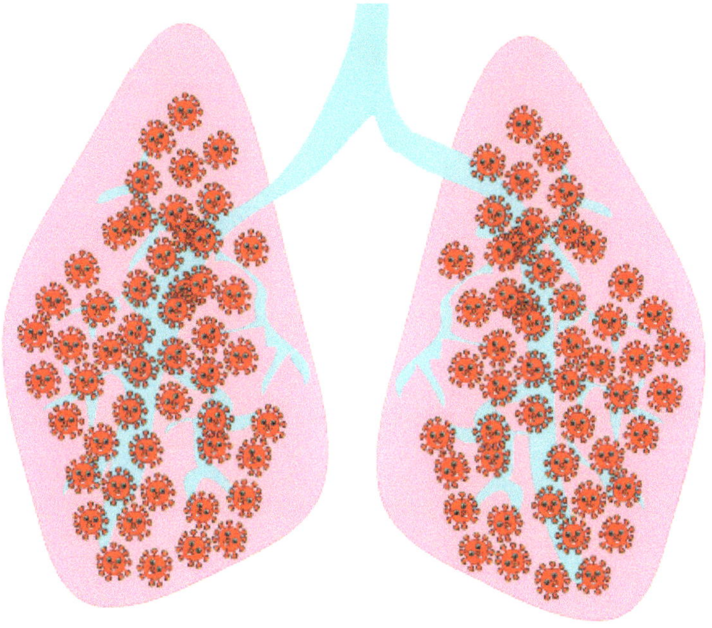

La campaña de venganza

El hombre cayó enfermo y desarrolló una neumonía severa. Esto le sucedió a todos los que habían tosido en las últimas dos semanas o con quienes tuvo un contacto cercano. Covid estaba furioso. Su plan de venganza funcionó y el hombre que mató al Sr. Wang también murió. Covid también murió con este hombre. Sus parientes lo lloraron y ahora decidieron vengar la muerte de Covid. Después de que Covid fue enterrado, comenzó la locura. Miles de millones de familiares de Covid fueron a la guerra. Covid mismo nunca hubiera querido esto. Solo quería protegerse a sí mismo y a su anfitrión, el Sr. Wang.

Por lo tanto, la venganza provocó que el virus estuviera fuera de control y que cada virus, en memoria de Covid,colocara en su cabeza una cinta de color negro con la inscripción: Covid.

El año de la rata

La campaña de venganza llegó en un momento muy desafortunado. En China, todos estaban ocupados preparando el festival folklórico más importante. El Año Nuevo chino, también llamado Festival de Primavera, era inminente. Los chinos siguen el calendario lunar y, por lo tanto, el Año Nuevo no es el 1 de enero en China, sino en este caso el 25 de enero de 2020.

La leyenda del año nuevo chino

En la antigüedad había un monstruo malicioso con dientes afilados y cuernos llamado Nian. Se escondía en el mar oscuro todo el año pero entraba a tierra al final de cada año lunar para cazar a personas y su ganado. Por esta razón, la gente huía a las montañas remotas cada año antes del Año Nuevo para evitar el ataque de Nian.

Sin embargo, un día, cuando un anciano visitó el pueblo, todo estaba a punto de cambiar. Nian no vino este año. El anciano les dijo a los aldeanos: "El monstruo es fácil de asustar. Especialmente el color rojo no le gusta. Teme ruidos fuertes y criaturas desconocidas. Esta noche estás envolviendo el pueblo en rojo con joyas rojas en cada puerta. Hace ruido con la batería, música a todo volumen y fuegos artificiales. Y protege a tus hijos. Dales máscaras y linternas ".

Los residentes hicieron exactamente eso y Nian nunca fue visto de nuevo.

En chino, Año Nuevo significa „Guo Nian", literalmente „conquista el Nian". Eso es exactamente lo que hicieron los residentes.

Parte de las tradiciones de Año Nuevo es decorar las casas con adornos rojos. Las calles están llenas de música, tambores y fuegos artificiales.

El año de la rata debe comenzar el 25 de enero de 2020. Esto tiene que ver con los signos chinos del zodíaco. Hay doce animales y cada año está representado por uno de estos animales. Los signos del zodiaco son la rata, el buey, el tigre, el conejo, el dragón, la serpiente, el caballo, la cabra, el mono, el gallo, el perro y el cerdo. En este orden, se repiten cada doce años.

Cada animal tiene ciertas características:

La rata es muy curiosa
imaginativa, versátil, tiene
una respuesta rapida
y se adapta con facilidad a
cualquier situación.

El búfalo es conocido
por su arduo trabajo
Fiabilidad, fuerza
y determinación.

El tigre es valiente, descarado,
impredecible y algo
testarudo. Se enfrenta cara
a cara a cualquier reto.

El conejo es gentil, tranquilo,
alerta, amigable, paciente
y responsable.

El dragón, el es único
La criatura más vital y el animal
más fuerte.
Simboliza el dominio y la ambición.

La serpiente se considera silenciosa,
inteligente y sabia.

El caballo es especialmente animado, activo y enérgico

La cabra es mansa con un temperamento algo tímido compasivo y equilibrado.

El mono es ingenioso juguetón, curioso, refinado y le gusta ser divertido

El gallo es muy atento valiente y confiado. Es abierto, sincero y siempre aparece atractivo y bonito.

El perro es fiel, sincero, complaciente, amable y sensato.

El cerdo es trabajador compasivo y generoso.

El Año Nuevo chino es una celebración de familias, que por supuesto también se visitan entre sí. Los chinos creen que comenzar bien el nuevo año conducirá a un año feliz y próspero. Así que miles de trabajadores emigrantes vuelven con a sus familias.

Cada vez más personas en la ciudad de Wuhan enfermaron y algunas murieron por las consecuencias de la enfermedad pulmonar. La gente se puso nerviosa e informó de los incidentes a la Organización Mundial de la Salud (WHO). Toda el área alrededor de Wuhan se cerró de inmediato para evitar la propagación de la enfermedad. Científicos y médicos fueron en busca del culpable. La muestra de saliva de un paciente terminó en un laboratorio y el científico la examinó de cerca con un microscopio muy potente.

Se sorprendió porque encontró un virus que era muy similar a un virus ya conocido. En aquel momento, muchas personas se enfermaron con el virus del SARS y el nuevo virus de ahora se parecía. El científico le dio el nombre de SARS-CoV-2. Como este nombre era difícil de recordar, el virus finalmente se llamó virus corona. Sin embargo, a los científicos no les gustó esto y después de que otro científico descubriera la banda negra con la etiqueta Covid, llamó al virus Covid-19. Ya que el brote del virus apareció en diciembre de 2019.

Los pequeños parientes de Covid podían vivir bien con esto, porque ahora su héroe era conocido en todo el mundo.

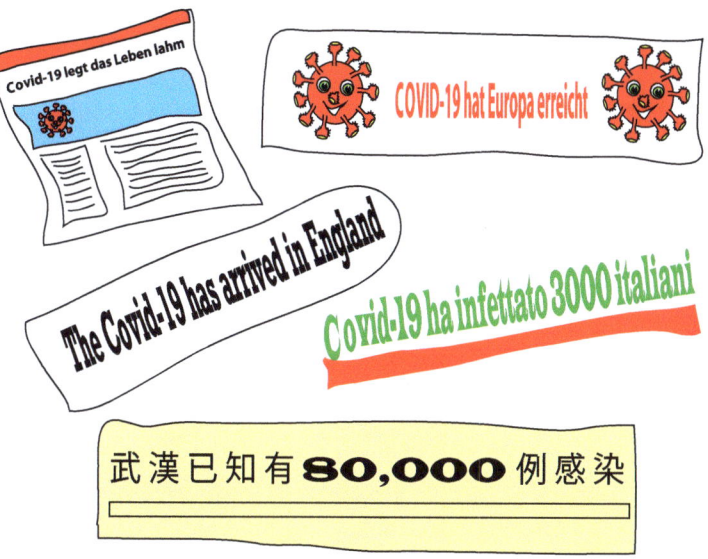

Un pariente estaba particularmente orgulloso. Fue el primer „gemelo" de Covid, Covid-dos, que había sobrevivido en una joven china. Estaba visitando a Wuhan, pero tuvo que irse a casa después de una semana. No había mostrado síntomas y nadie sabía que Covid-dos vivía en ella. La mujer llamada Li Liang vivió sin preocupaciones en Beijing, la capital de China. En ese momento, se declaró una epidemia en Wuhan y a nadie se le permitió entrar o salir. Miles de personas se infectaron en poco tiempo y no había un final a la vista.

El viaje europeo

La Sra. Li Liang y Covid-dos no notaron mucho porque vivían a 1.200 kilómetros de distancia en un una pequeña localidad en Beijing. La Sra. Li Liang trabajaba en una fábrica que producía piezas de automóviles para todo el mundo. Un día, fue enviada a Alemania por su jefe. Hubo un seminario en el que ella definitivamente debería participar.

La Sra. Li Liang reservó un vuelo, un hotel y se dirigió a Alemania. Covid-dos viajó con ella, pero se había multiplicado un millón de veces la semana pasada. La Sra. Li Liang tuvo una tos leve, por lo que infectó a su familia, algunos colegas de trabajo, el taxista que la llevó al aeropuerto y algunos pasajeros en el avión. La Sra. Li Liang propagó el virus y pudo cruzar varias fronteras nacionales. Algunos de los pasajeros que se infectaron volaron a Italia, otros a Irán, Estados Unidos, etc.

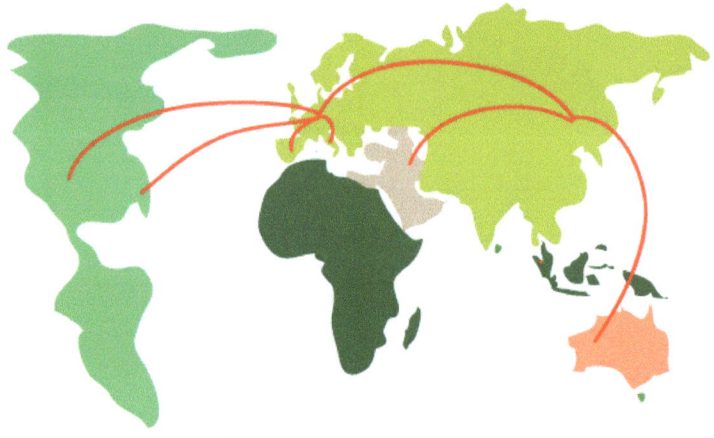

Covid-dos aterrizó con la Sra. Li Liang en Frankfurt y se dirigieron al hotel. El seminario duró tres días y durante este tiempo algunos participantes del seminario se infectaron. Covid-dos también fue trasmitido por la Sra. Li Liang con un ataque de tos. Ahora vivía en el Sr. Müller, que vive en un pequeño pueblo en Renania del Norte-Westfalia. Covid-dos vivió y se multiplicó en el Sr. Müller, que no sabía nada al respecto.

El virus también llegó a Alemania en un momento muy desfavorable. Era un carnaval y el Sr. Müller era un carnavalero entusiasta. Así que el Sr. Müller asistió a una celebración de carnaval junto con Covid-dos y sus familiares. Cada evento de carnaval incluye el „Bützchen", como el carnaval llama a un beso. Por supuesto, eso fue fatal porque el virus se propagó muy fácil y rápidamente.

Alerta de pandemia

Al mismo tiempo, hubo más y más informes de muchos países de todo el mundo, por lo que la Organización Mundial de la Salud (WHO) decidió declarar una pandemia.

Si una gran cantidad de personas se infectan con un virus, esto se denomina epidemia. Mientras la propagación se limite a un área o país pequeño, sigue siendo una epidemia. Sin embargo, si la enfermedad se propaga por países o incluso por continentes, se habla de una pandemia.

Epidemie   **Pandemie**

Las pandemias han existido por cientos de años. Las pandemias más conocidas en la historia fueron la peste, la gripe española, la gripe porcina, la gripe aviar y el VIH. Sabido es que esas pandemias han matado a muchas personas por lo que ésta, se ha tomado muy en serio. Es por eso que hay reglas estrictas establecidas por la Organización Mundial de la Salud (WHO) en un plan internacional de pandemia. Sobre esta base, cada país ha elaborado sus propios planes de pandemia. En Alemania, el Plan Nacional contra la Pandemia sirve de base para las medidas de protección necesarias y se actualiza periódicamente.

Tal plan es importante porque nadie sabe cuándo, dónde y en qué forma estalla una nueva enfermedad viral. Se trata de romper la cadena de infección en caso de un brote y encontrar una vacuna lo antes posible.

Los tratos diarios con Covid

Como consecuencia, se tomaron muchas medidas para frenar la propagación. Lo más importante fue el cumplimiento de las normas personales. Con medidas simples, todos pueden ayudar a protegerse y proteger a otros de enfermedades infecciosas.

Los consejos de higiene más importantes:

Estornude o tosa en la curva de su brazo o en un pañuelo, y luego deseche el pañuelo en un cubo de basura con tapa.

Mantenga las manos alejadas de la cara; evite tocarse la boca, los ojos o la nariz con las manos.

Mantenga suficiente distancia de las personas que tienen tos, secreción nasal o fiebre, también debido a la ola de gripe y resfriado.

Evite tocar (por ejemplo, dar la mano o abrazarse) al saludar o despedirse de otras personas.

Lávese las manos regularmente con agua y jabón durante un período de tiempo suficiente (al menos 20 segundos), especialmente después de sonarse la nariz, estornudar o toser.

¿Qué más puede ayudar a detener la propagación?

Quédate en casa con la mayor frecuencia posible. Lee un buen libro, estudia para la escuela, pinta o haz manualidades.

No se debe visitar a la abuela y al abuelo ahora, porque las personas mayores y las personas con enfermedades crónicas están particularmente en riesgo. Llámalos, escribe un correo electrónico o habla sobre un chat de video.

Debes mantenerte alejado de amigos o conocidos. Deben evitarse dar las manos y los abrazos. Ciertamente, hay otras maneras geniales de saludarse, que se pueden hacer a una distancia de seguridad de 1 a 2 metros.

Si alguien en su familia está enfermo, toda la familia debe tener mucho cuidado y debe evitar cualquier contacto con otras personas.

Si estás bien, puedes ayudar a otros. Puede ayudar a la abuela y al abuelo, a los vecinos o amigos de edad avanzada a quienes no se les permite salir de su apartamento. Puedes hacerles la compra, pero luego debes dejar la compra afuera y evitar cualquier contacto directo.

¿Cómo sigue la vida?

Si logramos detener la propagación de Covid-dos y sus familiares, la campaña de venganza de Covid llegará a su fin.

¿Tenemos que derrotar el virus ahora?

¿Quién tiene la culpa de la pandemia? ¿Ese pequeño y misterioso virus? Los murciélagos? ¿Los cazadores de murciélagos? ¿Las personas que comen murciélagos?

La respuesta es que nadie puede ser culpado porque el motivo está en la cadena de eventos. Se han comido murciélagos durante cientos de años y nunca sucedió nada. Siempre fueron capturados, también. Los murciélagos generalmente portan virus y los virus no solo atacan a los humanos.

La epidemia fue, por lo tanto, producto de varios factores coincidentes. El hecho de que la epidemia se haya convertido en una pandemia se debe a la globalización. No solo las personas y las mercancías pueden viajar fácilmente, los virus también pueden cruzar las fronteras nacionales.

Los humanos somos capaces de aprender, por lo que debemos aprender de esta pandemia. No debemos apegarnos a los viejos hábitos, incluso si no han causado problemas durante generaciones. El mundo está en constante evolución. Los animales mueren, se desarrollan nuevas especies y lo mismo ocurre con los seres vivos más pequeños, como virus y bacterias. Tenemos que vivir con ellos, incluso aunque puedan ser un peligro para la humanidad.

Referencias:
https://www.chinarundreisen.com/das-chinesische-fruehlingsfest/
https://www.rki.de/SharedDocs/FAQ
https://www.infektionsschutz.de/coronavirus-sars-cov-2.html

Parte 2
„Covid está aquí, ¿Y ahora qué? "

La historia de un pequeño invisible

contado por fotolulu

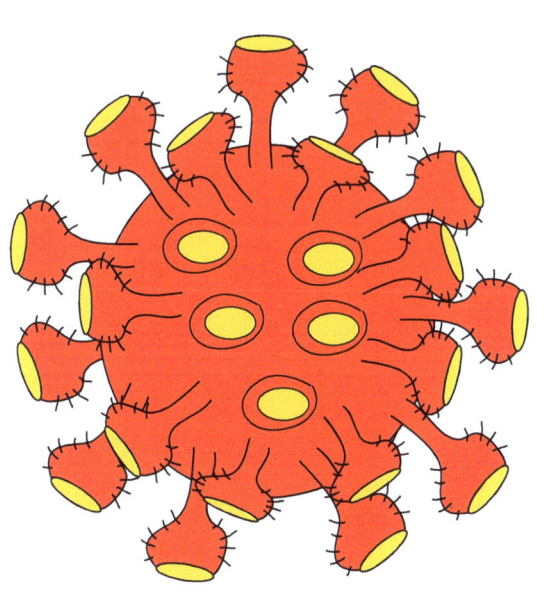

Content

„Covid está aquí. ¿Y ahora qué?"

Covid - ¿quién soy?

En realidad no soy un ser vivo real, no tengo que comer y no puedo reproducirme. Soy una especie de bola de proteína y en mi interior tengo información genética que me dice lo que tengo que hacer. La información principal es que tengo que reproducirme.

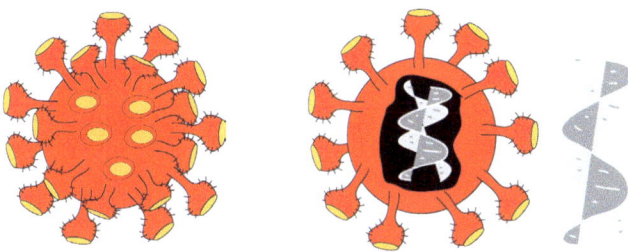

Pero ni siquiera dos Covids pueden hacer niños. Pero tengo que reproducirme, porque no me gusta estar sola. Así que he encontrado una solución. Hay células en animales y humanos que puedo penetrar. Estas células se llaman células anfitrionas porque puedo reproducirme en ellas. Cuando una vez me he multiplicado, esta célula muere. Cuando la célula anfitriona está muerta, la dejamos y cada uno de nosotros busca otra célula anfitriona. Entonces el proceso comienza de nuevo y nos multiplicamos a una velocidad espectacular.

Así que en pocos días, un Covid se convertirá en un millón de Covids. Soy muy pequeño y sólo se me puede ver con un microscopio electrónico muy especial. Pero como somos tantos, enfermamos al animal o al ser humano.

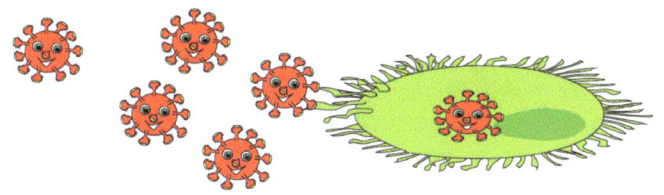

Nos encantan los pulmones y sobre todo nos gusta reproducirnos allí. Por eso las personas que infectamos enferman de neumonía. Pero no todos los Covids viven en los pulmones. Algunos se quedan atascados en la garganta y provocan un terrible rasguño. Otros se mueven por el sistema sanguíneo en todo el cuerpo. Así es como llegan al hígado, al corazón, a los músculos, ¡incluso al cerebro! Es por eso que otros órganos además de los pulmones también pueden enfermarse.

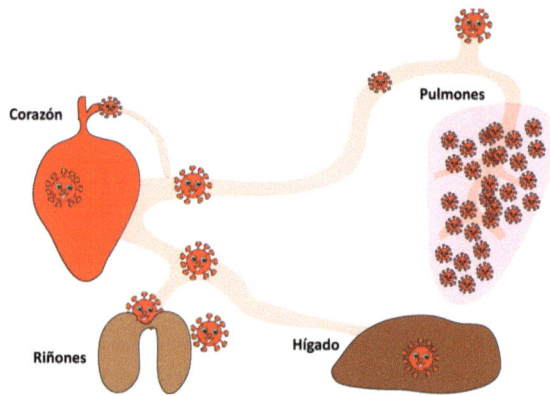

Mis enemigos

Tengo varios enemigos, pero el peor de ellos es el sistema inmunológico, por así decir los policías de la salud del cuerpo humano. Tan pronto como entramos en el cuerpo, vienen miles de ellos. Tratan de alejarnos. Y tienen un buen truco a su favor. Su misión es impedir nuestra entrada a las células anfitrionas. Sólo se interponen en nuestro camino. Para que no podamos entrar en la célula anfitriona y multiplicarnos.

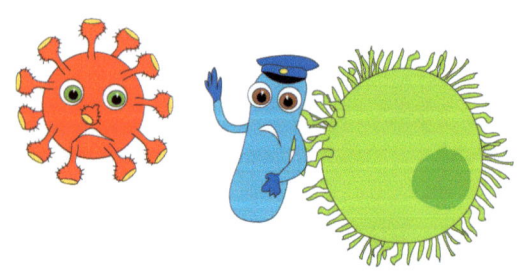

El éxito o fracaso de la policía sanitaria depende del sistema de defensa humana. La gente que tiene un sistema de defensa fuerte no se enfermará o sólo tendrá un pequeño resfriado. Las personas con un sistema inmunológico débil tienen muy pocos policías de salud. Allí podemos reproducirnos muy bien y estas personas se enferman gravemente.

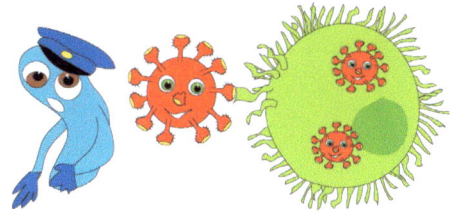

Cómo infectamos a muchas personas

Cuando dejamos una célula anfitriona muerta en el pulmón, la persona puede simplemente toser o exhalar. Entonces tenemos un problema, porque el viento nos arrojará fuera de los pulmones. Nos agarramos a gotitas diminutas y volamos por el aire (esta es la infección por gotitas). Puedes imaginarlo así: Cuando exhalen en invierno, verán una „nube de humo". Esta nube la conforman muchas pequeñas gotas de agua y que son a las que nos agarramos.

En realidad, moriríamos después de poco tiempo. Pero si terminamos con las gotitas en la boca de otra persona, entonces tenemos suerte. La persona es menos afortunada, porque entonces podemos reproducirnos en él. Apenas tenemos una oportunidad si la gente usa una mascarilla y se mantiene a una gran distancia de los demás.

Podemos sobrevivir unas horas en las manillas de las puertas y otras superficies. Si alguien toca la mañilla de la puerta, nos quedaremos pegados a su mano. Pero eso no va a hacer que la persona se enferme. Sin embargo, si se toca la boca, la nariz o los ojos con la mano, podemos entrar en su cuerpo. La gente trata de evitarlo, lavándose las manos minuciosa y frecuentemente.

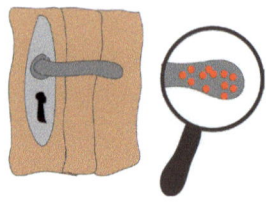

Si no hacen esto significa que podemos ser transmitidos de persona a persona y así hacer que mucha gente se enferme. La gente habla entonces de una enfermedad contagiosa, una enfermedad infecciosa.

¿Hay otros parientes míos?

Sí, y cada tipo de virus es muy específico y hay muchos diferentes. Cada virus se comporta de manera diferente en el cuerpo y causa una determinada enfermedad. Las enfermedades causadas por virus son por ejemplo: Ébola, varicela, sarampión, rubéola, poliomielitis y paperas, también el SIDA, pero también la verdadera gripe (influenza y no debe confundirse con un resfriado inofensivo).

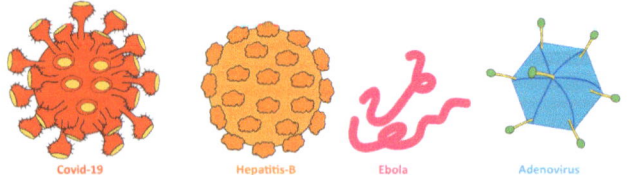

Covid-19   Hepatitis-B   Ebola   Adenovirus

Sin embargo, la mayoría de los virus viven en los animales y permanecen allí. Muchos virus viven en los animales sin causarles enfermedades. Sin embargo, los animales también pueden enfermarse. El zorro puede contraer la rabia, la fiebre aftosa de la vaca, el moquillo del perro. Es muy raro que un virus se transforme de un virus animal a un virus humano. Pero si ustedes los humanos penetran cada vez más en los hábitats de los animales, también entran en contacto con nosotros los virus. Así que algunos virus han cambiado de tal manera que también pueden multiplicarse en los humanos.

Así fue conmigo, el Covid. Viví felizmente en murciélagos durante mucho tiempo. Cómo y por qué decidí infectar a los humanos, ya se lo dije en la historia: „Por qué Covid asusta al mundo".

¿Qué estoy haciendo en el cuerpo humano?

Ya les dije cómo entramos en el cuerpo. Después de que nos reproducirnos y dejar la célula anfitriona, exploramos el cuerpo humano. Nos dejamos llevar por la circulación sanguínea y así llegamos también al hígado, al corazón, al cerebro, a los músculos y así sucesivamente.

Pero nos gusta más estar en los pulmones. Ahí es donde preferimos reproducirnos. Debido a que somos muchos ahora, se produce una inflamación. Esta es una especie de batalla entre nosotros los virus y la policía de la salud. Se trata de una lucha caliente entre nosotros, para que la temperatura del cuerpo aumente y la persona tenga fiebre.

Este es el primer signo de neumonía. Los pulmones también tratan de deshacerse de nosotros al darnos una sensación de tos. Así que trata de lanzarnos fuera de sí mismo al toser. Otros signos de neumonía son la falta de aliento y el cansancio.

¿Por qué nosotros los Covids hacemos que mucha gente apenas se enferme, y unos pocos lo hagan gravemente?

En muchas personas no tenemos ninguna posibilidad contra la policía de salud y después de unos días nos ganan. Pero a veces no hay suficientes policías de salud o la policía de salud está ocupada con otras enfermedades. Este es el caso de las personas que, por ejemplo, tienen problemas de corazón, son gravemente diabéticas o ya tienen una enfermedad pulmonar. Las personas mayores también suelen tener enfermedades que requieren toda la atención de la policía de salud.

Entonces podemos reproducirnos más fácilmente y la persona se vuelve realmente enferma. No sólo los pulmones son atacados por nosotros, sino también otros órganos como el corazón. El corazón tiene que trabajar mucho más duro cuando hay una neumonía. El corazón suministra al cuerpo oxígeno, y el oxígeno es insuficiente por el momento.

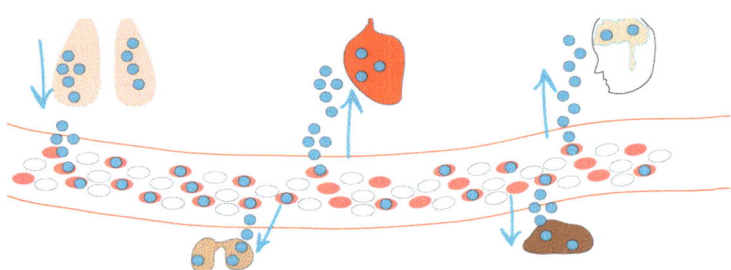

¿Por qué se está reduciendo el oxígeno? Debido a que los pulmones están inflamados, no pueden tomar suficiente oxígeno al respirar y pasarlo a la sangre. Es difícil que una persona respire. Los pulmones tratan de compensar esto respirando rápido, y si los pulmones trabajan más rápido, el corazón tiene que hacer lo mismo. Un corazón débil tiene problemas rápidamente. Entonces la policía de salud está sobrepasada y podemos reproducirnos allí también. Esto puede causar a parte de la neumonía también una inflamación del corazón.

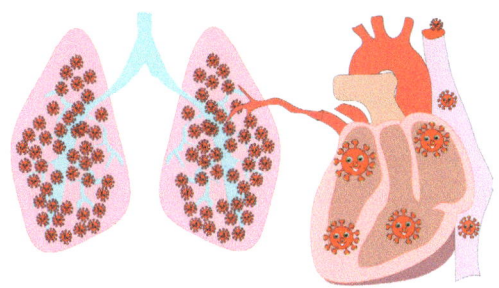

El cuerpo se debilita aún más porque el corazón no transporta suficiente oxígeno en la sangre. Sin embargo, el oxígeno se necesita urgentemente en cada una de las células del cuerpo. El oxígeno puede compararse con la gasolina de un coche.

Si no hay gasolina en el depósito, el coche no puede funcionar. Lo mismo ocurre en el cuerpo. No funciona sin la energía del oxígeno.

Cuando muchos de estos problemas se juntan, la persona tiene que ir al hospital.

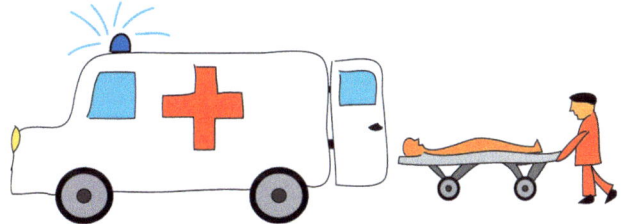

Cómo los médicos quieren acabar conmigo

Los médicos del hospital quieren saber de inmediato si soy yo, el Covid. Podría ser un virus de la gripe que te enferma de forma similar. Tomarán una muestra. Con un bastoncillo de algodón muy largo y de gran tamaño frotan profundamente en la garganta. El bastoncillo de algodón se coloca en un tubo de vidrio y se envía a un laboratorio. Allí se examina la muestra. Con mucha tecnología, el laboratorio puede determinar si hay algún Covid en la muestra.

Si nos descubren en el laboratorio, envían la información al hospital. Los médicos dirán que la prueba es positiva. El paciente va directamente a una habitación especial donde sólo se examinan las personas sospechosas de tener Covid. Entonces el doctor examina al paciente con un poco más de detalle. Calcula el nivel de oxígeno en la sangre para ver si los pulmones siguen funcionando correctamente. Luego el médico comprueba el funcionamiento del corazón.

Para ello, pega en la parte superior del cuerpo pequeños discos de plástico redondos con cables, que están conectados a una pantalla. En la pantalla puede ver exactamente con qué frecuencia y con qué rapidez late el corazón. Luego hay un pequeño pinchazo, porque hay que sacar sangre. La sangre es entonces examinada muy rápidamente en el laboratorio.

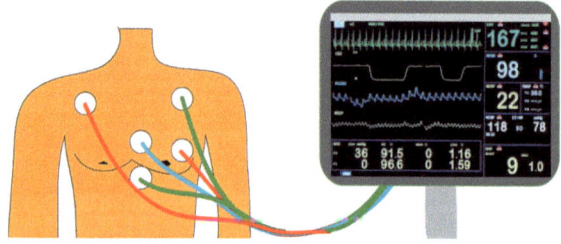

Mientras tanto, se le hace al paciente una tomografía computarizada, con una gran máquina que puede tomar muchas imágenes del interior del paciente. El doctor está principalmente interesado en cómo se ven los pulmones desde el interior. En la pantalla se puede ver si el paciente tiene neumonía. Si el pulmón está realmente inflamado, la imagen muestra muchos zonas blancas en el pulmón.

Cuando todos los resultados de las pruebas estén disponibles, el médico los examinará de forma minuciosa. Si no es tan grave, el paciente puede irse a casa. Pero entonces debe quedarse allí durante dos semanas y no debe estar con ninguna otra persona. Esto se llama cuarentena. Es necesario para que no infecte a nadie. En estas dos semanas la policía de salud nos derrotará y el paciente se considerará curado. Después de eso no puede infectar a ninguna otra persona.

Si el paciente se siente mal y se queja de falta de respiración, se le lleva a una estación especial de Covid. Sólo los pacientes con la enfermedad de Covid son admitidos en esa sección. Allí hay que respetar reglas muy importantes porque los Covids nos multiplicamos muy rápido. Todas las enfermeras y médicos tienen que llevar un protector de boca especial, gafas, una capucha, un abrigo de plástico y guantes. También deben desinfectarse las manos muy a menudo.

El personal de limpieza también debe usar la ropa protectora y desinfectar todas las superficies y las manijas de las puertas con regularidad. Debido a que los Covids en habitaciones cerradas también flotan en el aire, las habitaciones de los pacientes deben ser ventiladas muy a menudo. Tampoco se permiten visitas en estas salas.

El paciente primero se pone una pequeña mascarilla en la boca y la nariz, que le suministra oxígeno a través de pequeños tubitos. Esto le facilita la respiración. Luego se colocan al paciente los discos de plástico de nuevo para que su corazón pueda ser controlado en la pantalla. Se coloca una pequeña pinza de plástico sobre un dedo, que también está conectada a la pantalla. Con esto se puede medir cuánto oxígeno hay en la sangre.

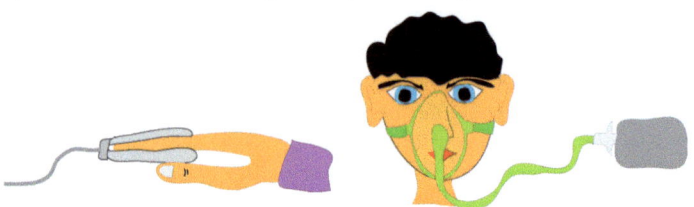

Luego se le da al paciente algún medicamento. Pero ninguna de las medicinas puede eliminar a los Covids. No hay ninguna pastilla que nos destruya. Pero las sustancias que toma el paciente ayudan al cuerpo a luchar contra nosotros. Como precaución, al paciente también se le da un antibiótico, una sustancia que mata las bacterias peligrosas. Los doctores saben: si se unen bacterias a nosotros y entran juntos en los pulmones, entonces se hace realmente peligroso para el paciente.

Con estas medidas el paciente suele recuperarse bastante bien y su policía de salud puede derrotar a los Covids. Después de unos diez días los pacientes pueden ser enviados a casa, donde tienen que permanecer en cuarentena durante dos semanas.

¿Qué pasa cuando nosotros los Covids somos muy difíciles de detener?

En algunos pacientes nos podemos multiplicar tanto en los pulmones que el „tratamiento normal" no funciona. Estos pacientes están empeoran cada vez más y necesitan más ayuda, especialmente con la respiración. La pequeña máscara de oxígeno se cambia por una más grande. Con esta máscara especial, el oxígeno se dar con un poco de presión y esto facilitará la respiración del paciente. Esto hace que el paciente puede respirar más fácil y profundamente. Esto ayuda a muchos pacientes y pronto pueden ser dados de alta del hospital.

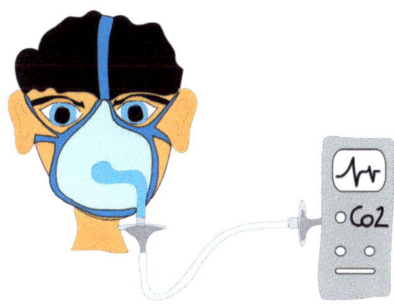

En muy pocos casos, nosotros los Covids no nos dejamos eliminar tan fácilmente. Estos pacientes sufren un aumento de la falta de capacidad para respirar. Entonces necesitan ser trasladados a una unidad de cuidados intensivos. En una unidad de cuidados intensivos los pacientes son vigilados más intensamente las 24 horas del día.

Si la falta de aire es muy grave y apenas entra oxígeno en la sangre, el paciente debe ser asistido aún más en la respiración. Se inserta un tubo directamente en la tráquea del paciente. El doctor llama a esto „intubación". Para que el paciente no note nada, se le pone en un coma artificial. Esto es una especie de sueño profundo. Esto se puede hacer muy bien con una medicación especial y mientras se cuida al paciente.

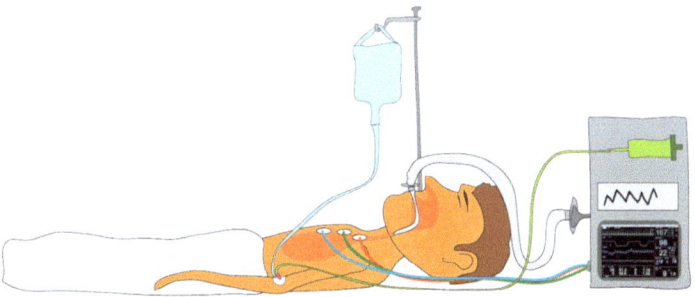

Cuando el paciente se ha recuperado y se siente mejor, el tubo se retira de nuevo. Entonces la medicación para dormir se reduce lentamente hasta que el paciente se despierta de nuevo. Si está mejor, volverá a la estación especial de Covid y se quedará allí hasta que pueda volver a casa.

En algunos casos, los pacientes también mueren porque la policía de salud estaba demasiado débil o el corazón no podía hacer frente a la alta tensión. Esto es muy triste para los parientes y los médicos. También nosotros los Covids nos destruimos entonces, porque con el ser humano también morimos.

¿De dónde venimos realmente los Covids?

En el libro „Por qué Covid asusta al mundo" el origen está en China y proviene de los murciélagos. Se basa en la información que ha estado circulando por todo el mundo. Cómo y por quién exactamente nosotros los Covids fuimos transmitidos a los humanos será siempre nuestro secreto.

No importa de qué animal venimos. También es igual cómo se produjo la transmisión. ¿Fue como se describe en el libro? ¿O me caí de un murciélago sobre un pangolín y terminé en el mercado de animales salvajes de Wuhan? ¿Podría ser que los científicos examinaran los murciélagos y se infectaran?

Nunca lo sabrás y no importa.

Es importante que entiendas por qué los virus se transmiten de los animales salvajes a los humanos.

Los virus no somos capaces de tomar esta decisión por nosotros mismos. No podemos pensar, correr, volar o saltar. Ni siquiera los animales salvajes nos entregan voluntariamente a vosotros los humanos.

Una razón es que la gente se acerca demasiado a los animales. Están avanzando más y más en áreas dignas de protección. Estos incluyen los bosques primarios del Amazonas, los bosques tropicales de Borneo y muchas otras reservas naturales en todo el mundo. Todos los animales que viven allí son portadores de virus. Si la gente dejara en paz a los animales, habría menos problemas con los virus de animales salvajes.

Otra forma de transferirse a nosotros es al cazar y comer animales salvajes y el comercio de animales exóticos vivos.

Sólo a través del contacto directo con los animales salvajes podemos entrar en su cuerpo. No importa si se trafican con animales vivos o si terminan en los mercados de animales salvajes donde se sacrifican y se venden para el consumo.

La tercera posibilidad de que te enfermemos es la agricultura industrial.

Ejemplos de esto son la gripe porcina y la gripe de aves, donde muchos animales se mantienen en espacios pequeñosy pueden expandir el virus rápidamente. El contacto constante entre los animales y los cuidadores es por lo tanto muy peligroso.

¿Qué te diría eso?

Ustedes los humanos tienen replantearse el acercamiento a la naturaleza fundamentalmente. Hay que proteger los bosques primitivos y no permitir que sean cortados y destruidos para la ganancia de dinero.

Debe evitarse la caza y el comercio incontrolados con animales salvajes.

Debe restringirse el consumo mundial de carne. De lo contrario, habrá más y más agricultura industrial.

La naturaleza no depende de ti, pero tú dependes de una naturaleza sana.

Algo sobre mi historia

Se sospecha que he infectado a la primera persona ya en noviembre de 2019. Los primeros informes llegaron al mundo en diciembre de 2019. 27 personas ya se habían infectado con Covid en Wuhan, la capital de la provincia central de China, Hubei. Una semana después, los científicos chinos me descubrieron. Desde entonces fui conocido y las noticias dieron la vuelta al mundo. Pero no sólo la noticia se extendió muy rápido, sino también nosotros, los Covids. Así es como se describe en la historia de Covid.

Pero, ¿qué pasó después de que me haya extendido por todo el mundo?

El 18 de enero de 2020, casi 40.000 familias se reunieron en Wuhan para el Año Nuevo Chino. Un número importante de personas fueron infectadas. No sabían lo rápido que podíamos extender.

El 23 de enero de 2020 ya había tanta gente infectada que la ciudad de Wuhan fue cerrada. A nadie se le permitía entrar o salir de la ciudad y todos tenían que usar un protector de boca. A pesar de estas estrictas medidas, continuamos extendiéndonos en China, infectando a más de 80.000 personas en muy poco tiempo.

El mundo globalizado hizo el resto. Gente de muchos países, que viajaron a Wuhan por negocios o turismo, condujeron o volaron a casa con nosotros los Covids - sin sospecharlo.

Cómo reaccionó el mundo a la pandemia

De más y más países venían ahora mensajes de nuestra llegada. Cada país reaccionó con medidas diferentes. China, Corea y Japón han tomaron medidas muy drásticas. Europa probablemente pensó que estaba lejos y comenzó con restricciones menores. América parecía ignorarlo todo y África no tenía ningún caso notificado.

A partir del momento en que la OMS declaró la pandemia, todos los países del mundo deberían haber adoptado las mismas medidas. Pero desafortunadamente el mundo no era tan global.

Medidas en Alemania

Quedémonos en Europa y en Alemania. Cuando aparecieron los primeros casos confirmados, la acción fue indecisa. Después del primer caso de infección en Alemania, el 28 de enero de 2020, los políticos dijeron: „Alemania está bien preparada".

Sólo a finales de febrero se creó una unidad de crisis entre el Ministerio del Interior y el Ministerio de Salud. A mitad de marzo, se adoptaron medidas en muchos estados federales para frenar nuestra expansión. Por ejemplo, se prohibieron los grandes eventos. Primero, se prohibieron los eventos que involucraban a más de 1.000 personas.

Ustedes los humanos son divertidos. ¿De dónde salió ese número? No tiene sentido limitarlo. No importa si una persona está conmigo, Covid, en un estadio entre 30.000 aficionados al fútbol o en un parque con tres amigos. Probablemente infectará a tres personas. La infección directa de una persona que acaba de ser infectada es muy baja, porque los virus tenemos que multiplicarnos primero. Así que en ambos casos tres amigos se habrían infectado.

El problema es que nosotros los Covids nos convertimos en el problema después de unos tres días. Entonces nos hemos multiplicado en los tres amigos y pueden infectar a otros tres de nuevo. Hacemos el siguiente ejemplo de cálculo:

Persona 1 infectada 3 personas

Cada una de las tres personas también infecta a otras tres personas después de unos tres días, el resultado es de nueve personas infectadas (3 x 3 = 9).

En el día 6 los ahora 9 amigos infectados infectan a otras 3 personas = 27 personas infectadas.

En el día 9, 27 amigos infectan cada uno a otras 3 personas = 81 personas infectadas.

Día 12 = 81 infectan a otros 3 = 243
Día 15 = 243 infectan a otros 3 = 729
Día 18 = 729 infectan a otros 3 = 2.187
Día 21 = 2.187 infectan a otros 3 = 6.561
Día 24 = 6.561 infectan a otros 3 = 19.683
Día 27 = 19.683 infectan a otros 3 = 59.049
Día 30 = 59.049 infectar a otros 3 = 177.144
Día 33 = 177.144 infectar a otros 3 = 531.441
Día 36 = 531.441 infectan a otros 3 = 1.594.323
Día 39 = 1.594.323 infectan a otros 3 = **4.782.969**

En 39 días, casi cinco millones de personas podrían estar infectadas. Esto sólo puede evitarse si se evita todo contacto con los demás.

El Gobierno Federal pronto se dio cuenta de que los hospitales pronto estarían sobrecargados si la pandemia se propagaba como se muestra en el ejemplo de cálculo. Tantos pacientes no pueden ser atendidos a la vez. Mucha gente se moriría, como desgraciadamente ocurrió en Italia, España y otros países.

Por lo tanto, se decidió cerrar las guarderías, escuelas, restaurantes y muchas tiendas para evitar contactos innecesarios. Esto debería frenar la pandemia.

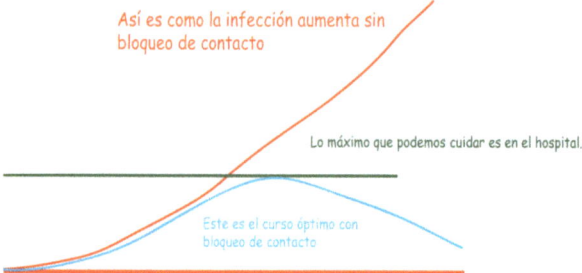

Así es como la infección aumenta sin bloqueo de contacto

Lo máximo que podemos cuidar es en el hospital.

Este es el curso óptimo con bloqueo de contacto

A partir del 18 de marzo de 2020 se prohibieron todas las reuniones y eventos, y también se cerraron las iglesias, sinagogas, mezquitas e instituciones culturales y educativas. El 22 de marzo de 2020 se aprobó una „prohibición general de contacto". Debía de mantenerse una distancia de seguridad de 1,5 m a 2 m. Los restaurantes y bares también estaban cerrados. Sólo se les permitía vender comida y bebidas para llevar. Caminar y hacer deportes al aire libre no estaba prohibido, con la restricción de que la distancia de seguridad debía mantenerse.

En este momento pueden agradecer a toda la gente de Alemania por por haberse mantenido dentro de estas medidas drásticas. Los Covid no pudimos expandirnos tan fácilmente en Alemania a partir de este momento.

La solidaridad en tiempos de crisis

Mucha gente estuvo existencialmente afectada por las restricciones. Sin embargo, cuanto más graves eran las restricciones, la solidaridad en el país aumentaba.

Los jóvenes fueron de compras para las personas mayores muy vulnerables. Las empresas y compañías introdujeron la oficina en casa para reducir el riesgo de infección en el lugar de trabajo tanto como fuera posible. Al mismo tiempo, esto permitió el cuidado de los niños en casa. Los supermercados organizaron el mantenimiento de la distancia de seguridad con medios creativos. Los que tenían una máquina de coser, tela y creatividad cosieron mascarillas. Los restaurantes continuaron cocinando para los más pobres.

Respetuosamente me quito el sombrero ante las personas que han iniciado estas iniciativas.

El misterio del papel higiénico

De un día a otro ya no había papel higiénico para comprar en Alemania. Las estanterías estaban vacías y se extendió un pequeño „pánico higiénico". ¿La gente se ha vuelto loca? ¿Qué había pasado?

Tenemos que empezar con algo antes, porque las causas son humanas. Cuando los Covids se propagaron, los científicos descubrieron lo siguiente: El tiempo entre el primer contacto de un ser humano y el brote de la enfermedad es de un máximo de 14 días. Esto es lo que los científicos llaman el período de incubación.

Esto significa que si el Sr. Miller está infectado y besa a su esposa sin cuidado, nos pondrá a algunos de nosotros en la boca de ella. Este es el llamado día uno, el primer día de la infección.

Ahora faltan unos días para que los Covids se multipliquen tanto que la Sra. Müller se enferme. Esto puede llevar hasta dos semanas. Pero en estas dos semanas la Sra. Müller puede infectar a otras personas. Si la Sra. Müller no está enferma después de dos semanas, entonces tuvo suerte, o el sistema inmunológico de ella funcionaba bien.

¿Qué tiene que ver esto con la falta de papel higiénico?

Con este conocimiento, los científicos han establecido el llamado período de cuarentena de dos semanas. Han dicho que cualquiera que haya tenido contacto con el Sr. Müller, por ejemplo, debe quedarse en casa durante dos semanas y no debe tener contacto con otras personas.

Era para evitar que nos expandiéramos más los Covids. Hasta aquí, eso fue bueno y correcto.

Cuando los alemanes se enteraron de que tenían que quedarse en casa durante dos semanas, muchos de ellos compraron productos para dos semanas. Como al alemán le gusta viajar mucho, mucha gente no estaba segura de si había tenido contacto con una persona infectada.

De repente mucha gente compró el doble de papel higiénico de lo normal. Pero los fabricantes de papel higiénico no estaban preparados para esto. No podían duplicar su volumen de producción tan rápidamente. Así que las estanterías de papel higiénico se quedaron vacías de repente.

Deficiencia de las mascarillas.

No sólo faltaba el papel higiénico, sino también cosas tan importantes como mascarillas y desinfectantes. De repente, todo el mundo necesitaba estos dos artículos para protegerse de nosotros los Covids.

Algunas personas fueron sorprendidas por cómo podía ser que un equipo de protección tan importante no estuviera disponible. Pero incluso esto es normal, porque no se puede tener todo en reserva por si algo pasa en algún momento. La gente no quiere preocuparse por los desastres. Especialmente no con una pandemia mundial.

A este aspecto humano se le añadió otro importante. El origen del brote de nosotros los Covids está en China. De todos los lugares, ahí es donde se hacen la mayoría de las mascarillas protectoras del mundo. Pero como la vida estaba casi paralizada allí, las máscaras faciales necesarias no podían ser producidas y enviadas al mundo.

Antes del brote

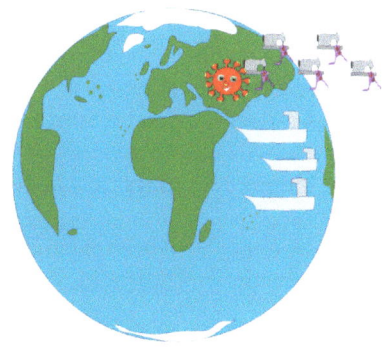

Después del brote

Esto es parte de la globalización y del concepto económico. Ustedes producen muchas cosas vitales en países que tienen niveles salariales muy bajos. Sólo para que sea barato y puedan ganar mucho dinero vendiéndolo. La pandemia mostrará si esta es una buena manera de continuar.

Al principio de la pandemia, Alemania todavía tenía suficientes mascarillas para el personal de los hospitales, las residencias de ancianos y los centros médicos. Los científicos llegaron a la teoría de que la expansión de nosotros los Covids podría ser frenada si cada persona usara una mascarilla.

Como resultado, apenas quedaban mascarillas y los precios subieron muchas veces. La teoría de los científicos era correcta, pero ya no podía ser implementada. Así que sólo los médicos y el personal de enfermería recibieron las máscaras, porque tenían que trabajar con personas infectadas.

Este estado de emergencia también llevó a muchas personas a actuar de manera solidaria. Muchas personas privadas y pequeñas empresas cosían mascarillas. De esta manera, fue posible al menos reducir un poco la falta de mascarillas.

El bloqueo de contacto y la distancia de seguridad

Los científicos ahora tenían que encontrar una protección alternativa contra nosotros los Covids. Fijaron la distancia segura. Ellos determinaron que las gotas no podían volar más allá de 1,5 a 2 metros. Así que esta distancia de seguridad tiene un efecto similar al de usar una mascarilla.

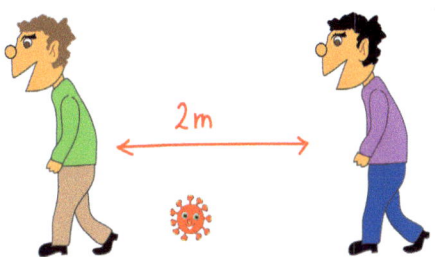

Sin embargo, si una persona tose o estornuda, la distancia no es suficiente. Se decidió estornudar y toser en la parte interna del codo. Si sólo se mantiene la mano delante de la boca al toser, nos pegamos a la mano y luego llegamos a las manillas de las puertas y otras superficies.

Allí esperamos pacientemente hasta que otra persona nos tome con su mano.

Pero debes usar una mascarilla, por ejemplo, cuando vayas en el autobús, de compras o en una habitación con muchas personas. Porque los Covids también podemos flotar en el aire por un momento. Es por eso que hay que ventilar las habitaciones regularmente para que nos lleve el viento.

Así es como las seis reglas de comportamiento más importantes fueron creadas para usted:

1. Estornudar o toser en la parte interna del codo o en un pañuelo, y luego tira el pañuelo en una papelera con tapa.
2. Mantén tus manos lejos de la cara, evita tocar tu boca, ojos o nariz con tus manos.
3. Manténgase a una distancia suficiente de las personas que tienen tos, resfriados o fiebres.
4. Evite tocar (por ejemplo, dar la mano o abrazar) - cuando salude o se despida de otras personas.
5. Lávese las manos con agua y jabón regularmente y durante el tiempo suficiente (al menos 20 segundos), especialmente después de sonarse la nariz, estornudar o toser.
6. Si estás en una habitación con varias personas (por ejemplo, cuando vas de compras o en el tren), debes usar una mascarilla.

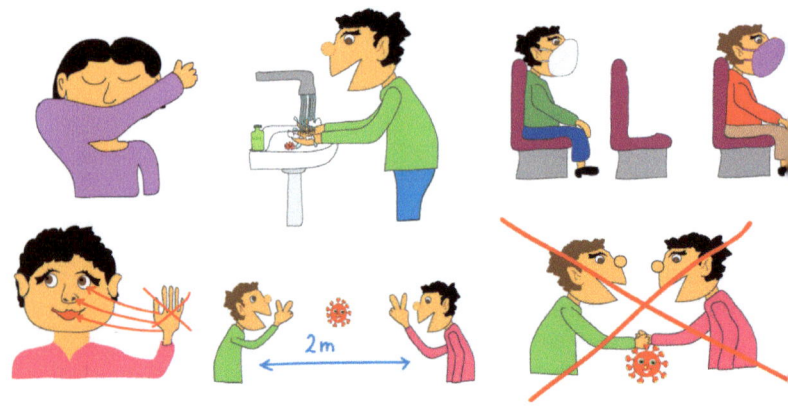

¿Qué pasará cuando ganes a los Covids?

Pasará mucho tiempo antes de que nos vayamos y todo vuelva a ser como antes. Tienes que preguntarte si realmente quieres que las cosas sigan como antes.

Cada uno tiene que responder a esta pregunta por sí mismo, tomar una decisión y asumir la responsabilidad!

De lo contrario, quizás encuentren una vacuna que nos mantenga alejados de ustedes. Entonces seguiremos viviendo en los murciélagos como antes.

La economía se estabilizará y la vida cotidiana volverá. Pronto te olvidarás de nosotros los Covids y de la pandemia.

¡Pero eso es exactamente lo que deberías prevenir! Porque si no cambias nada, la próxima pandemia podría llegar muy rápidamente. Otros Covids se pueden convertir en una pandemia.

Por favor, no olvides a la gente de otros países más pobres que los Covids hemos golpeado muy fuerte. Ellos necesitan tu ayuda ahora.

Deberías agradecer especialmente a aquellos que se enfrentaron a nosotros los Covids todos los días.